Sophie Dupuis-Gaulier

Cheesecakes

Fotos von Guillaume Czerw

Grundzutaten
für einen
Cheesecake

Kekse

Eier

Tipps und Tricks
zum sicheren Gelingen

➡ der Keksboden

Er besteht aus Keksen und Butter. Die Kekse können grob zerbröselt oder fein vermahlen werden. Den Teig in der Form fest andrücken und am Rand eventuell etwas hochziehen. Mindestens 15 Minuten im Kühlschrank kühl stellen.

Für die süße Variante Butterkekse, Vollkornkekse, Schokokekse, Cookies oder anderes Gebäck nach Belieben verwenden. Der Teig bekommt durch eine abgeriebene Zitrusschale, Kokosraspel, Zimt oder Ähnliches eine individuelle Note.

Für die herzhafte Variante Cracker, Grissini, Salzgebäck oder Ähnliches verwenden. Auch hier kann der Teig durch die Zugabe von Gewürzen (z. B. Paprikapulver, Piment, Curry oder Anis), getrockneten Kräutern (Dill, Minze oder Knoblauch) oder Samen und Kernen (Sesamsamen, Leinsamen, Sonnenblumenkerne oder Mohnsamen) nach Belieben aromatisiert werden.

➡ die Frischkäse-füllung

Im Supermarkt gibt es eine Reihe von Frischkäsesorten, die für die Zubereitung eines Cheesecakes geeignet sind: Am bekanntesten sind sicher Doppelrahmfrischkäse und Quark.

Petit-Suisse, der nicht überall erhältlich ist, kann auch zur Hälfte mit Quark und Dopperrahmfrischkäse ersetzt werden.

Je nach verwendetem Quark oder verwendeter Frischkäsesorte bekommt die Füllung eine festere oder weichere Konsistenz.

Auch Frischkäsesorten mit Kräutern, Gewürzen oder anderen Zutaten sind mögliche Alternativen.

➡ die Backzeit

Im Allgemeinen sollte ein Cheesecake nicht zu lange im Backofen bleiben und möglichst bei niedriger Temperatur oder im Wasserbad gebacken werden. Nach meist 50 Minuten bekommt er in der Mitte eine cremige Konsistenz. Den fertig gebackenen Cheesecake im ausgeschalteten Backofen abkühlen lassen.

Wenn Sie einen Kuchen ohne Backen bevorzugen, ersetzen Sie die Eier durch Gelatine.

➡ die Kühlzeit

Je länger der Kuchen gekühlt wird, desto besser können sich die Aromen entfalten und desto besser ist sein Geschmack. Der Cheesecake kann gut am Vortag zubereitet werden.

➡ die Backform

Um den Kuchen einfach aus der Form zu lösen und hübsch zu präsentieren, verwenden Sie am besten eine Springform. Aber auch kleine oder viereckige Formen eignen sich gut.

die Füllung

der Boden

CHEESECAKE
à la New York

FÜR 6-8 PERSONEN

Zubereitungszeit: 25 Minuten • Backzeit: 50 Minuten
Kühlzeit: 12 Stunden

Für den Boden
70 g Butter • 200 g Spekulatius • 50 g Puderzucker
Für die Füllung
800 g Doppelrahmfrischkäse • 150 g Puderzucker • 3 Eier

Den Backofen auf 150 °C vorheizen.

Für den Boden die Butter zerlassen. Die Spekulatius grob zerbröseln und mit der zerlassenen Butter mischen. Den Puderzucker zugeben und alles gut verrühren. Eine Springform von 18–20 cm Ø fetten und die Teigmasse darin verteilen. Mit einem Glas gut festdrücken. Nun 15 Minuten kühl stellen.

Für die Füllung den Doppelrahmfrischkäse mit dem Puderzucker in einer Schüssel glatt verrühren. Dann die Eier einzeln untermischen. Die Masse auf dem Teigboden verteilen. Die Backform in eine größere, mit Wasser gefüllte Form setzen und im vorgeheizten Backofen 50 Minuten backen. Im Backofen vollständig abkühlen lassen. Vor dem Servieren mindestens 12 Stunden kühl stellen.

Den Cheesecake eventuell mit roten Beeren oder einer Fruchtsauce hübsch dekorieren.

Butter

Petit-Suisse

Frischkäse

Carré
Frais
-Depuis 1872-

Casino
it-suisse   Le P

10,4%

60 g

Doppelrahm-
frischkäse

Zucker

CHEESECAKE
mit Zitrone und Ricotta

FÜR 6 PERSONEN

Zubereitungszeit: 35 Minuten • **Backzeit:** 50 Minuten
Kühlzeit: 12 Stunden

Für den Boden
70 g Butter • 200 g Vollkornkekse
abgeriebene Schale von 2 unbehandelten Zitronen
50 g Puderzucker

Für die Füllung
750 g Ricotta • Saft von 6 Zitronen und abgeriebene
Schale von 2 unbehandelten Zitronen
120 g Puderzucker • 4 Eier

Den Backofen auf 150 °C vorheizen.

Für den Boden die Butter zerlassen. Die Vollkornkekse grob zerbröseln und mit der zerlassenen Butter mischen. Zunächst die abgeriebenen Zitronenschalen, dann den Puderzucker zugeben und alles gut verrühren. Eine Backform von 18 x 18 cm fetten und den Teig darin verteilen. Mit einem Glas gut festdrücken. Nun 15 Minuten kühl stellen.

Inzwischen für die Füllung Ricotta, Zitronensaft, abgeriebenen Zitronenschalen und Puderzucker in einer Schüssel cremig verrühren. Dann die Eier einzeln zufügen und alles zu einer glatten Masse verarbeiten.

Die Füllung über den gekühlten Boden gießen. Die Backform in eine größere, mit Wasser gefüllte Form setzen und im vorgeheizten Backofen 50 Minuten backen. Im Backofen vollständig abkühlen lassen. Vor dem Servieren mindestens 12 Stunden kühl stellen.

CHEESECAKE
mit Spekulatius

FÜR 6 PERSONEN

Zubereitungszeit: 25 Minuten • **Backzeit:** 50 Minuten
Kühlzeit: 12 Stunden

Für den Boden
70 g Butter • 200 g Spekulatius • 50 g Puderzucker

Für die Füllung
300 g Quark • 300 g Frischkäse
90 g Petit-Suisse (s. S. 6)
100 g Puderzucker • 100 g Spekulatiuscreme
zzgl. 3–4 TL zum Garnieren • 2 Eier

Den Backofen auf 150 °C vorheizen.

Für den Boden die Butter zerlassen. Den Spekulatius grob zerbröseln und mit der zerlassenen Butter mischen. Den Puderzucker gut unterrühren. Eine Backform von 18 x 18 cm fetten und die Masse darin verteilen. Mit einem Glas gut festdrücken. Nun 15 Minuten kühl stellen.

Für die Füllung den Quark, den Frischkäse, den Petit-Suisse, den Puderzucker und die Spekulatiuscreme in einer Schüssel glatt verrühren. Zum Schluss die Eier einzeln unter die glatte Masse mischen. Die Masse in eine Backform gießen.

Mit einem Teelöffel kleine Kleckse der restlichen Spekulatiuscreme gleichmäßig auf der Füllung verteilen. Die Backform in eine größere, mit Wasser gefüllte Form setzen und im vorgeheizten Backofen 50 Minuten backen. Im Backofen vollständig abkühlen lassen. Vor dem Servieren mindestens 12 Stunden kühl stellen.

CHEESECAKE
mit Karotten

FÜR 6 PERSONEN

Zubereitungszeit: 20 Minuten • **Backzeit:** 25 Minuten
Kühlzeit: 12 Stunden

Für den Boden
60 g brauner Zucker • 1 Ei • 40 ml Sonnenblumenöl
100 g Mehl • ½ TL Backpulver • 1 TL Brotgewürz
abgeriebene Schale von 1 unbehandelten Orange
100 g Karotten, fein geraspelt
50 g Pekan- oder Haselnüsse, grob gehackt

Für den Sirup
Saft von 1 Orange • Saft von 1 Zitrone • 2 EL Agavendicksaft

Für die Füllung
120 g Petit-Suisse (s. S. 6)
100 g Doppelrahmfrischkäse • 2 EL Agavendicksaft

Alternativ können Sie die geraspelten Karotten durch geraspelte Pastinaken ersetzen.

Den Backofen auf 170 °C vorheizen.

Den braunen Zucker und das Ei mit dem Schneebesen cremig rühren. Das Sonnenblumenöl zugießen. Das Mehl durchsieben, mit dem Backpulver mischen und mit den Gewürzen und der abgeriebenen Orangenschale in die Zucker-Ei-Masse rühren. Zum Schluss die geraspelten Karotten und die gehackten Pekan- oder Haselnüsse untermischen. Den Teig in eine gefettete und mit Mehl bestäubte Springform von 20 cm Ø geben und im vorgeheizten Backofen 25 Minuten backen.

In der Zwischenzeit für den Sirup alle Zutaten mischen und über den lauwarmen Teigboden geben. Den Kuchen kalt stellen.

Für die Füllung den Petit-Suisse und den Doppelrahmfrischkäse mit dem Agavendicksaft verrühren. Die Füllung auf den gut abgekühlten Kuchenboden streichen. Für mindestens 12 Stunden in den Kühlschrank stellen.

CHEESECAKE
MIT MATCHA-TEE UND JOHANNISBEEREN

FÜR 6 PERSONEN

Zubereitungszeit: 30 Minuten • **Backzeit:** 65 Minuten
Kühlzeit: 12 Stunden

Für den Boden
80 g Butter, kalt • 80 g Mehl
80 g Mandeln, fein gemahlen • 80 g Puderzucker

Für die Füllung
600 g Doppelrahmfrischkäse
300 g Petit-Suisse (s. S. 6) • 1½ TL Matcha-Tee
130 g Puderzucker • 3 Eier
100 ml Johannisbeersauce
oder Sauce von anderen roten Beeren

Den Backofen auf 200 °C vorheizen.

Zunächst für den Boden einen Teig zubereiten. Dazu die Butter würfeln und mit Mehl, gemahlenen Mandeln und Puderzucker mischen und zu einem krümeligen Teig verarbeiten. Den Teig in eine Springform von 18–20 cm Ø füllen und gut darin festdrücken. Im vorgeheizten Backofen 15 Minuten backen.

Für die Füllung den Doppelrahmfrischkäse, den Petit-Suisse, den Matcha-Tee und den Puderzucker mit einem Schneebesen cremig verquirlen. Sobald eine glatte Masse entstanden ist, die Eier nach und nach einrühren.

Die Füllung über dem Teig verteilen. Dann die Johannisbeersauce darüberträufeln. Mit einer Messerspitze feine Streifen in die Sauce ziehen.

Die Temperatur des Backofens auf 150 °C reduzieren. Die Backform in eine größere, mit Wasser gefüllte Form setzen und im vorgeheizten Backofen 50 Minuten backen. Im Backofen vollständig abkühlen lassen. Vor dem Servieren mindestens 12 Stunden kühl stellen.

Es werden zwei Arten
von Matcha angeboten:
ein einfacher zum Kochen
und ein teurer zum Trinken.

CHEESECAKE
MIT NUSS-NOUGAT-CREME

FÜR 6 PERSONEN

Zubereitungszeit: 35 Minuten • Backzeit: 50 Minuten
Kühlzeit: 12 Stunden

Für den Boden
70 g Butter • 200 g Schokostäbchen
50 g Puderzucker

Für die Füllung
150 g Nuss-Nougat-Creme • 50 g Zartbitterschokolade
600 g Doppelrahmfrischkäse • 200 g Quark • 3 Eier

Den Backofen auf 150 °C vorheizen.

Für den Boden die Butter zerlassen. Die Schokostäbchen grob zerbröseln und mit der zerlassenen Butter mischen. Den Puderzucker gut unterrühren. Eine Springform von 18–20 cm Ø fetten und den Teig darin verteilen. Mit einem Glas gut festdrücken. Nun 15 Minuten kühl stellen.

Inzwischen für die Füllung die Nuss-Nougat-Creme und die Schokolade in einer hitzebeständigen Schüssel über dem Wasserbad schmelzen. In einer Rührschüssel den Frischkäse, den Quark und die Eier gut verquirlen. Dann die Nuss-Nougat-Schoko-Creme unterziehen und alles zu einer glatten Creme verrühren.

Die Masse in die Form einfüllen. Die Springform in eine größere, mit Wasser gefüllte Form setzen und im vorgeheizten Backofen 50 Minuten backen. Im Backofen vollständig abkühlen lassen. Vor dem Servieren mindestens 12 Stunden kühl stellen.

CHEESECAKE
mit Mango

FÜR 6 PERSONEN

Zubereitungszeit: 30 Minuten • **Backzeit:** 50 Minuten
Kühlzeit: 12 Stunden

70 g Butter • 200 g Spekulatius • 50 g Puderzucker
Für die Füllung
400 g Fruchtfleisch von 2–3 Mangos
450 g Doppelrahmfrischkäse • 180 g Petit-Suisse (s. S. 6)
100 g Puderzucker • 2 Eier • Passionsfruchtsauce

Den Backofen auf 150 °C vorheizen.

Für den Boden die Butter zerlassen. Den Spekulatius grob zerbröseln und mit der zerlassenen Butter mischen. Den Puderzucker gut unterrühren. Eine Springform von 18–20 cm Ø fetten und den Teig darin verteilen. Mit einem Glas gut festdrücken. Nun 15 Minuten kühl stellen.

Inzwischen die Füllung zubereiten. Dazu die Mangos schälen und das Fruchtfleisch in eine Rührschüssel geben. Das Fruchtfleisch fein pürieren. In einer großen Schüssel den Doppelrahmfrischkäse, den Petit-Suisse, den Puderzucker und das Mangopüree mit dem Schneebesen verrühren. Dann die Eier einzeln unterrühren.

Die Masse in die Springform füllen. Diese in eine größere, mit Wasser gefüllte Form setzen und im vorgeheizten Backofen 50 Minuten backen. Im Backofen vollständig abkühlen lassen. Vor dem Servieren mindestens 12 Stunden kühl stellen.
Mit der Passionsfruchtsauce anrichten.

Reife Mangos geben bei Druck etwas nach.

CHEESECAKE
mit Oreo®-Keksen

FÜR 6 PERSONEN

Zubereitungszeit: 35 Minuten • **Backzeit:** 50 Minuten
Kühlzeit: 12 Stunden

Für den Boden
200 g Oreo®-Kekse • 70 g Butter • 50 g Puderzucker

Für die Füllung
600 g Doppelrahmfrischkäse • 90 g Petit-Suisse (s. S. 6)
100 g Puderzucker • 1 EL Vanilleextrakt
2 Eier

Den Backofen auf 150 °C vorheizen.

Für den Boden die Oreo®-Kekse auseinandernehmen und die Milchcreme mit einem Teelöffel abkratzen und bis zur weiteren Verwendung aufbewahren. Die Butter zerlassen. Die Oreo®-Kekse grob zerbröseln und mit der zerlassenen Butter mischen. Den Puderzucker gut unterrühren. Eine Springform von 18–20 cm Ø fetten und den Teig darin verteilen. Mit einem Glas gut festdrücken. Nun 15 Minuten kühl stellen.

Für die Füllung zunächst die Oreo®-Milchcreme in einem Topf bei geringer Hitze schmelzen lassen. Frischkäse, Petit-Suisse, geschmolzene Milchcreme, Puderzucker und Vanilleextrakt zu einer glatten Creme verrühren. Dann die Eier einzeln untermischen.

Die Masse in die Springform füllen. Diese in eine größere, mit Wasser gefüllte Form setzen und im vorgeheizten Backofen 50 Minuten backen. Im Backofen vollständig abkühlen lassen. Vor dem Servieren mindestens 12 Stunden kühl stellen.

Die Ober-
seite mit
Oreo®-Keksen
dekorieren.

CHEESECAKE
MIT ERDBEEREN

FÜR 6 PERSONEN

Zubereitungszeit: 15 Minuten • **Backzeit:** 50 Minuten
Kühlzeit: 12 Stunden

Für den Boden
70 g Butter • 200 g Spekulatius • 50 g Puderzucker
• 1 TL Zimt

Für die Füllung
400 g Erdbeeren • 4 EL Zitronensaft
300 g Doppelrahmfrischkäse
400 g Kondensmilch • 1 EL Vanilleextrakt
2 Eier

Den Backofen auf 150 °C vorheizen.

Für den Boden die Butter würfeln und in einer Rührschüssel zusammen mit Spekulatius, Puderzucker und Zimt mischen und zu einem feinkrümeligen Teig verarbeiten. Eine Springform von 18–20 cm Ø (oder sechs kleine Förmchen von 7 cm Ø) fetten und den Teig darin verteilen. Mit einem Glas gut festdrücken. Für 15 Minuten kühl stellen.

Für die Füllung Erdbeeren und Zitronensaft pürieren und eventuell durch ein Sieb streichen. Für die Dekoration 4 EL Püree aufbewahren. Frischkäse, Kondensmilch, Erdbeerpüree und Vanilleextrakt mischen. Dann die Eier einzeln untermischen und die Masse nochmals gut verrühren.

Die Masse in die Springform (oder die Förmchen) füllen. Das aufbewahrte Püree in kleinen Klecksen auf der Oberseite verteilen und mit einer Messerspitze zu feinen Streifen ziehen. Die Springform (oder die Förmchen) in eine mit Wasser gefüllte Form setzen und im vorgeheizten Backofen 50 Minuten (oder 30–35 Minuten) backen. Im Backofen vollständig abkühlen lassen. Vor dem Servieren mindestens 12 Stunden kühl stellen.

CHEESECAKE
mit Erdnussbutter

FÜR 6 PERSONEN

Zubereitungszeit: 30 Minuten • **Backzeit:** 50 Minuten
Kühlzeit: 12 Stunden

Für den Boden
70 g Butter • 200 g Vollkornkekse
oder Butterkekse • 50 g Puderzucker

Für die Füllung
460 g Doppelrahmfrischkäse • 200 g Puderzucker
200 g Erdnussbutter • 2 TL Vanilleextrakt • 3 Eier
karamellisierte Erdnüsse zum Garnieren

Den Backofen auf 150 °C vorheizen.

Für den Boden die Butter zerlassen. Die Vollkorn- oder Butterkekse grob zerbröseln und mit der zerlassenen Butter mischen. Den Puderzucker gut unterrühren. Eine Backform von 18 x 18 cm fetten und den Teig darin verteilen. Mit einem Glas gut festdrücken. Nun 15 Minuten kühl stellen.

Inzwischen die Füllung zubereiten. Dazu Frischkäse, Puderzucker und Erdnussbutter mischen und den Vanilleextrakt einrühren. Sobald eine glatte Masse entstanden ist, die Eier einzeln unterrühren. Die Masse in die Form einfüllen. Diese in eine größere, mit Wasser gefüllte Form setzen und im vorgeheizten Backofen 50 Minuten backen. Im Backofen vollständig abkühlen lassen. Vor dem Servieren mindestens 12 Stunden kühl stellen.

Zum Garnieren die karamellisierten Erdnüsse klein hacken und über den Kuchen streuen.

Kürbispüree finden Sie in der Feinkostabteilung eines gut sortierten Supermarktes oder im Bioladen.

CHEESECAKE
mit Kürbis

FÜR 6 PERSONEN

Zubereitungszeit: 25 Minuten • Backzeit: 50 Minuten
Kühlzeit: 12 Stunden

Für den Boden
70 g Butter • 200 g Spekulatius • 50 g Puderzucker

Für die Füllung
400 g Doppelrahmfrischkäse • 400 g Kürbispüree
100 g Puderzucker • 1 EL Vanilleextrakt • 3 Eier

Für die Garnitur
100 g Sahne • 1 TL Zucker • 1 Tropfen Vanilleextrakt

Den Backofen auf 150 °C vorheizen.

Für den Boden die Butter zerlassen. Den Spekulatius grob zerbröseln und mit der zerlassenen Butter mischen. Den Puderzucker gut unterrühren. Eine Springform von 18–20 cm Ø fetten und den Teig darin verteilen. Mit einem Glas gut festdrücken. Nun 15 Minuten kühl stellen.

Inzwischen die Füllung zubereiten. Dazu Frischkäse, Kürbispüree, Puderzucker und Vanilleextrakt zu einer glatten Creme verrühren. Dann die Eier einzeln untermischen und alles nochmals glatt rühren. Die Masse in die Form einfüllen. Diese in eine größere, mit Wasser gefüllte Form setzen und im vorgeheizten Backofen 50 Minuten backen. Im Backofen vollständig abkühlen lassen. Vor dem Servieren mindestens 12 Stunden kühl stellen.

Für die Garnitur die Sahne mit dem Zucker und dem Vanilleextrakt steif schlagen, in einen Spritzbeutel mit Sterntülle füllen und am Rand des Kuchens kleine Tupfen aufspritzen.

Cheesecake mit
Schoko-Kaffee

Sie können Gebäckröllchen mit Nougatcreme bereits zerbröselt unter dem Namen „Feuilletines" kaufen.

Cheesecake mit Nougat und Birne

CHEESECAKE
MIT SCHOKO-KAFFEE

FÜR 6 PERSONEN

Zubereitungszeit: 25 Minuten • **Backzeit:** 50 Minuten
Kühlzeit: 12 Stunden

Für den Boden
70 g Butter • 200 g Schokoladen-Cookies

Für die Füllung
600 g Doppelrahmfrischkäse • 120 g Sahne
100 g Puderzucker • 100 ml starker Kaffee
3 TL Kaffeelikör (nach Belieben) • 2 Eier

Für die Glasur
150 g dunkle Schokolade mit mind. 70 % Kakaoanteil
2 EL Kaffeelikör (nach Belieben)

Den Backofen auf 150 °C vorheizen.

Für den Boden die Butter zerlassen. Den Spekulatius grob zerbröseln und mit der zerlassenen Butter in einer Rührschüssel mischen. Den Puderzucker gut unterrühren. Eine Springform von 18–20 cm Ø fetten und den Teig darin verteilen. Mit einem Glas gut festdrücken. Nun 15 Minuten kühl stellen.

Für die Füllung Frischkäse, Sahne, Puderzucker, Kaffee und eventuell den Kaffeelikör mit dem Schneebesen glatt rühren. Dann die Eier einzeln untermischen und alles nochmals gut umrühren. Die Masse in die Form einfüllen. Diese in eine größere, mit Wasser gefüllte Form setzen und im vorgeheizten Backofen 50 Minuten backen. Im Backofen vollständig abkühlen lassen. Vor dem Servieren mindestens 12 Stunden kühl stellen.

Für die Glasur die Schokolade mit dem Kaffeelikör, falls verwendet, über dem Wasserbad schmelzen lassen. Die flüssige Schokolade sofort auf dem Cheesecake glatt verstreichen und an den Rändern dekorativ herunterlaufen lassen.

CHEESECAKE
MIT NOUGAT UND BIRNE

FÜR 6 PERSONEN

Zubereitungszeit: 35 Minuten • Backzeit: 50 Minuten
Kühlzeit: 12 Stunden

Für den Boden
70 g Vollmilchschokolade • 200 g Waffelröllchen
(z. B. von Gavottes®) • 50 g Nougat

Für die Füllung
600 g Doppelrahmfrischkäse • 150 g Puderzucker
3 Eier • 3 kleine Birnen

Den Backofen auf 150 °C vorheizen.

Für den Boden die Schokolade über dem Wasserbad schmelzen lassen. Die Waffelröllchen grob zerbröseln. Nun die Brösel und den Nougat (etwas für die Garnitur aufbewahren) in die geschmolzene Schokolade geben und alles glatt verrühren. Eine Springform von 18–20 cm Ø fetten und die Schokomasse einfüllen. Mit einem Glas gut festdrücken. Nun 15 Minuten kühl stellen.

Inzwischen die Füllung zubereiten. Dazu Frischkäse und Puderzucker in einer Schüssel gründlich mischen. Dann die Eier einzeln untermischen und alles nochmals glatt rühren.

Die Birnen schälen, vom Kerngehäuse befreien und fein würfeln. Die gewürfelten Birnen unter die Frischkäse-Zucker-Mischung heben und die Masse auf dem Schokoboden glatt verstreichen.

Die Springform in eine größere, mit Wasser gefüllte Form setzen und im vorgeheizten Backofen 50 Minuten backen. Im Backofen vollständig abkühlen lassen. Vor dem Servieren mindestens 12 Stunden kühl stellen.

Den Kuchen mit den beiseitegelegtenGebäckbröseln und Nougatstückchen garnieren.

The
ORIGINAL CHEESECAKE

SWEET & SAVORY

NEW YORK

SINCE 1936

CHEESECAKE
mit Karamell

FÜR 6 PERSONEN

Zubereitungszeit: 35 Minuten • **Backzeit:** 50 Minuten
Kühlzeit: 12 Stunden

Für den Boden
70 g Butter • 200 g Vollkornkekse • 50 g Puderzucker

Für die Füllung
10 Karamellstäbchen oder -bonbons (z. B. von Carambar®)
zzgl. 3 Stäbchen für die Garnitur • 250 g Mascarpone
500 g Quark mit 20 % Fettgehalt • 100 g Rohrzucker • 3 Eier

Den Backofen auf 150 °C vorheizen.

Für den Boden die Butter zerlassen. Die Vollkornkekse grob zerbröseln und mit der zerlassenen Butter mischen. Den Puderzucker gut unterrühren. Eine Springform von 18–20 cm Ø fetten und den Teig darin verteilen. Mit einem Glas gut festdrücken. Nun 15 Minuten kühl stellen.

Inzwischen die Füllung zubereiten. Dazu in einem Topf mit schwerem Boden die Karamellstäbchen mit dem Mascarpone verrühren und bei geringer Hitze leicht erwärmen.

In einer Schüssel Quark, Rohrzucker und Eier verquirlen. Die abgekühlte Karamellmasse dazugeben und alles zu einer glatten Creme verrühren. Die Creme in die Form einfüllen. Diese in eine größere, mit Wasser gefüllte Form setzen und im vorgeheizten Backofen 50 Minuten backen. Im Backofen vollständig abkühlen lassen. Vor dem Servieren mindestens 12 Stunden kühl stellen. Vor dem Servieren den Cheesecake mit kleinen Karamellwürfeln bestreuen.

CHEESECAKE
MIT HIMBEEREN

FÜR 6 PERSONEN

Zubereitungszeit: 30 Minuten • **Backzeit:** 50 Minuten
Kühlzeit: 12 Stunden

Für den Boden
70 g Butter • 200 g Löffelbiskuits • rosa Lebensmittefarbe
50 g Puderzucker

Für die Füllung
400 g Doppelrahmfrischkäse • 400 g Ricotta
100 g Puderzucker • 4 Eier • 200 g Himbeeren zzgl. einige
Himbeeren für die Garnitur

Den Backofen auf 150 °C vorheizen.

Für den Boden die Butter zerlassen. Die Biskuits mit der rosa Lebensmittelfarbe einfärben, grob zerbröseln und mit der zerlassenen Butter mischen. Den Puderzucker gut unterrühren. Eine Springform von 18–20 cm Ø fetten und den Teig darin verteilen. Mit einem Glas gut festdrücken. Nun 15 Minuten kühl stellen.

Inzwischen die Füllung zubereiten. Dazu in einer Schüssel Frischkäse, Ricotta und Puderzucker zu einer glatten Creme verrühren. Die Eier einzeln unterschlagen.

Nun die Hälfte der zubereiteten Masse in die Form füllen und die Himbeeren gleichmäßig darauf verteilen. Dann die restliche Creme darübergießen.

Die Backform in eine größere, mit Wasser gefüllte Form setzen und im vorgeheizten Backofen 50 Minuten backen. Im Backofen vollständig abkühlen lassen. Vor dem Servieren mindestens 12 Stunden kühl stellen.

Kurz vor dem Servieren mit den restlichen frischen Himbeeren garnieren.

CHEESECAKE
mit Bananen-Toffee

FÜR 6 PERSONEN

Zubereitungszeit: 45 Minuten • **Backzeit:** 50 Minuten
Kühlzeit: 12 Stunden

Für den Boden
70 g gesalzene Butter • 200 g rundes Buttergebäck (z. B. Palets bretons®)

Für die Füllung
560 g Doppelrahmfrischkäse • 240 g Petit-Suisse (s. S. 6)
300 g Bananenpüree • Saft von 1 Zitrone
100 g Puderzucker • 1 EL Vanilleextrakt • 2 Eier

Für den Salzkaramell
250 g Sahne • 100 g Puderzucker • 10 ml Maissirup
½ TL Fleur de Sel • 25 g Butter

Den Backofen auf 150 °C vorheizen.

Für den Boden die gesalzene Butter zerlassen. Das Gebäck grob zerbröseln und mit der zerlassenen Butter mischen. Nun eine Springform von 18–20 cm Ø (oder sechs Springförmchen von 7 cm Ø) fetten und die Butter-Gebäck-Mischung darin verteilen. Mit einem Glas gut festdrücken. Nun 15 Minuten kühl stellen.

Inzwischen die Füllung zubereiten. Dazu den Doppelrahmfrischkäse, den Petit-Suisse, das Bananenpüree, den Zitronensaft, den Puderzucker und den Vanilleextrakt zu einer glatten Creme verrühren. Dann die Eier einzeln untermischen und alles nochmals glatt rühren. Die Masse in die Backform (oder die Förmchen) einfüllen. Diese in eine größere, mit Wasser gefüllte Form setzen und im vorgeheizten Backofen 50 Minuten (oder 30–35 Minuten) backen. Im Backofen vollständig abkühlen lassen. Vor dem Servieren mindestens 12 Stunden kühl stellen.

Für den Salzkaramell kurz vor dem Servieren die Sahne in einem Topf erhitzen. In einem zweiten Topf mit schwerem Boden den Zucker und den Maissirup schmelzen lassen. Sobald die Masse schön braun karamellisiert ist, den Topf vom Herd nehmen und die heiße Sahne einrühren. Den Topf für einige Minuten zurück auf den Herd stellen und anschließend 15 Minuten abkühlen lassen. Fleur de Sel und Butter zufügen und alles gut verrühren. Jeden kleinen Cheesecake mit dem Karamell beträufeln.

Schneller geht's mit einer
fertigen Salzkaramellcreme,
die kurz in der Mikrowelle
erwärmt wird.

CHEESECAKE
MIT ANANAS UND KOKOS

FÜR 6 PERSONEN

Zubereitungszeit: 15 Minuten • **Backzeit:** 65 Minuten
Kühlzeit: 12 Stunden

Für den Teig
80 g kalte Butter • 80 g Mehl • 80 g feine Kokosraspel
80 g Puderzucker

Für die Füllung
800 g Doppelrahmfrischkäse • 120 g Puderzucker
3 EL Rum • 3 Eier
6 Scheiben Ananas (aus der Dose) • 15 g Butter

Den Backofen auf 200 °C vorheizen.

Für den Teig Butter, Mehl, Kokosraspel und Puderzucker mischen und zu einer krümeligen Masse verkneten. Eine Springform von 18–20 cm Ø (oder sechs kleine Förmchen von 7 cm Ø) fetten und den Teig darin verteilen. Mit einem Glas gut festdrücken. Nun 15 Minuten kühl stellen.

Für die Füllung den Frischkäse, 100 g Puderzucker und den Rum verrühren und dann die Eier einzeln untermischen.

Die Temperatur im Backofen auf 150 °C reduzieren. Die Frischkäsecreme in die Form (oder die Förmchen) füllen. Diese in eine größere, mit Wasser gefüllte Form setzen und im vorgeheizten Backofen 50 Minuten (oder 30–35 Minuten) backen. Im Backofen vollständig abkühlen lassen. Dann mindestens 12 Stunden kühl stellen.

Kurz vor dem Servieren die Ananasscheiben in der Butter und dem restlichen Puderzucker karamellisieren, bis sie eine schöne goldbraune Farbe angenommen haben. Den Cheesecake mit Ananasscheiben belegen oder auf jeden kleinen Cheesecake eine Scheibe auflegen. Sofort servieren.

Cheesecake mit
Schokolade
und Limette

Cheesecake
mit Lachs

CHEESECAKE
mit Schokolade und Limette

FÜR 6 PERSONEN

Zubereitungszeit: 25 Minuten • **Kühlzeit:** 6–12 Stunden

Für den Boden
60 g Vollmilchschokolade • 200 g Schokoladen-Puffreis
Für die Füllung
3 Blätter Gelatine • 400 g Doppelrahmfrischkäse
100 g Puderzucker • 3 unbehandelte Limetten
200 g Crème fraîche

Die Gelatineblätter in einer kleinen Schüssel mit kaltem Wasser einweichen.

Für den Boden die Schokolade über dem Wasserbad schmelzen. Den Schokoladen-Puffreis zugeben und gut untermischen. Eine Springform von 15 cm Ø mit Backpapier auslegen und die Schokomasse darin verteilen. Mit einem Glas gut festdrücken. Nun 15 Minuten kühl stellen.

Inzwischen die Füllung zubereiten. Dazu in einer Schüssel den Frischkäse mit dem Puderzucker zu einer glatten Creme verrühren. Die Limetten auspressen und von zwei Limetten die Schale abreiben. Limettensaft und -abrieb von einer Limette untermischen (den Abrieb der zweiten Limette zum Garnieren aufbewahren).

Crème fraîche in einem Topf aufkochen. Den Topf vom Herd nehmen und die gut ausgedrückte Gelatine unterrühren. Die zubereitete Crème fraîche mit dem Frischkäse cremig verrühren und auf dem gekühlten Boden verteilen. Vor dem Servieren mindestens 12 Stunden kühl stellen. Den restlichen Limettenabrieb über den Cheesecake streuen.

Sie können diesen Cheesecake auch dekorativ in Gläsern zubereiten.

CHEESECAKE
mit Lachs

FÜR 6–8 PERSONEN

Zubereitungszeit: 30 Minuten • **Backzeit:** 50 Minuten
Kühlzeit: 12 Stunden

Für den Boden
70 g gesalzene Butter • 200 g Grissini • 2 EL getrockneter Dill

Für die Füllung
200 g Räucherlachs zzgl. 2 Scheiben
300 g Doppelrahmfrischkäse • 300 g Quark • 2 Eier
4 Dillstängel zzgl. einige Stängel für die Dekoration
Saft von 1 Zitrone • Salz und frisch gemahlener
schwarzer Pfeffer

Den Backofen auf 150 °C vorheizen.

Für den Boden die Butter zerlassen. Die Grissini grob zerbröseln und mit der zerlassenen Butter mischen. Den Dill zufügen und alles nochmals gut durchrühren. Eine Springform von 18 cm Ø fetten und den Teig darin verteilen. Mit einem Glas gut festdrücken. Nun 15 Minuten kühl stellen.

Inzwischen die Füllung zubereiten. Dazu in einer Rührschüssel Räucherlachs, Frischkäse und Quark zu einer glatten Masse verquirlen. Die Eier einzeln unterrühren. Die Dillstängel fein hacken und mit dem Zitronensaft untermischen. Mit Salz und Pfeffer würzen und alles nochmals gut umrühren.

Die Creme in die Form füllen. Diese in eine größere, mit Wasser gefüllte Form setzen und im vorgeheizten Backofen 50 Minuten backen. Im Backofen vollständig abkühlen lassen. Vor dem Servieren mindestens 12 Stunden kühl stellen.

Vor dem Servieren den Cheesecake mit feinen Räucherlachsstreifen und Dill garnieren.

Schneller und billiger wird es, wenn Sie Doppelrahmfrischkäse mit Lachs verwenden.

CHEESECAKE
MIT ZUCCHINI
UND FETA

FÜR 6-8 PERSONEN

Zubereitungszeit: 30 Minuten • **Backzeit:** 50 Minuten
Kühlzeit: 12 Stunden

Für den Boden
70 g Butter • 200 g Brezel • 3 EL Parmesan, frisch gerieben

Für die Füllung
2 kleine Zucchini • 4 EL Olivenöl • ¼ TL Chilipulver
(oder Piment d'Espelette) • ¼ TL Paprikapulver
4-5 Minzestängel • 200 g Feta • 400 g Doppelrahmfrischkäse
2 Eier • Salz und frisch gemahlener schwarzer Pfeffer

Den Backofen auf 150 °C vorheizen.

Für den Boden die Butter zerlassen. Die Brezel grob zerbröseln und mit der zerlassenen Butter mischen. Den Parmesan zufügen und alles gut mischen. Eine Springform von 15 cm Ø fetten und den Teig darin verteilen. Mit einem Glas gut festdrücken. Nun 15 Minuten kühl stellen.

Inzwischen die Füllung zubereiten. Dazu die Zucchini gründlich waschen und in feine Scheiben schneiden. In einer Pfanne mit 2 EL Olivenöl anbraten und mit Chili- und Paprikapulver würzen. Die Minzestängel, bis auf einige Blättchen zum Garnieren, fein hacken und ebenfalls zugeben. Mit Salz und Pfeffer würzen.

In einer Rührschüssel Feta, Frischkäse und das restliche Olivenöl mischen. Die Eier einzeln unterrühren. Alle Zutaten mit dem Schneebesen kräftig zu einer glatten Masse verquirlen und in die Form füllen. Die Zucchinischeiben dachziegelartig darauf anrichten.

Die Springform in eine größere, mit Wasser gefüllte Form setzen und im vorgeheizten Backofen 50 Minuten backen. Im Backofen vollständig abkühlen lassen und dann noch mindestens 12 Stunden kühl stellen. Vor dem Servieren mit den beiseitegelegten Minzeblättchen bestreuen.

CHEESECAKE
MIT SCHAFSKÄSE
UND EINGELEGTEN TOMATEN

FÜR 6–8 PERSONEN

Zubereitungszeit: 25 Minuten • **Kühlzeit:** 4 Stunden

Für den Boden
70 g Butter • 200 g Vollkorncracker
3 EL Parmesan, frisch gerieben

Für die Füllung
3 Blätter Gelatine • 150 g Sahne • 450 g Schafsfrischkäse
10 in Öl eingelegte getrocknete Tomaten • 1 EL Körner-Mix
getrocknete Basilikumblätter • Salz und frisch
gemahlener weißer Pfeffer

Die Gelatineblätter in einer kleinen Schüssel mit kaltem Wasser einweichen.

Für den Boden die Butter fein würfeln und die Cracker zerbröseln. Beides mischen und den Parmesan zufügen. Eine Springform von 15 cm Ø fetten und den Teig darin verteilen. Mit einem Glas gut festdrücken. Nun 15 Minuten kühl stellen.

Inzwischen die Füllung zubereiten. Dazu die Sahne in einem Topf aufkochen. Den Topf vom Herd nehmen und die gut ausgedrückte Gelatine einrühren. Den Schafsfrischkäse zugeben und alles zu einer glatten Creme verrühren.

Die getrockneten Tomaten in Streifen schneiden. Die Basilikumblätter fein hacken (einige Blätter zum Garnieren beiseitelegen) und in die zubereitete Creme geben. Nach Belieben mit Salz und Pfeffer würzen.

Die Creme auf dem gekühlten Boden verteilen. Vor dem Servieren mindestens 4 Stunden kühl stellen. Vor dem Servieren mit einigen Körnern und den beiseitegelegten Basilikumblättern bestreuen.

Brousse (oder Brocciu)
ist ein korsischer Frischkäse
aus Schafsmilch. Er ist für
dieses Rezept gut geeignet,
kann aber durch Ricotta
ersetzt werden.

CHEESECAKE
MIT KRÄUTERCREME UND PAPRIKA

FÜR 6-8 PERSONEN

Zubereitungszeit: 25 Minuten • **Backzeit:** 50 Minuten
Kühlzeit: 12 Stunden

Für den Boden
70 g Butter • 200 g Salzcracker • 1 EL Paprikapulver

Für die Füllung
500 g Ricotta • 300 g Doppelrahmfrischkäse
mit Schnittlauch • 3 Eier • 4-5 Schnittlauchstängel
zum Garnieren • Salz und frisch gemahlener
schwarzer Pfeffer

Den Backofen auf 150 °C vorheizen.

Für den Boden die Butter zerlassen. Die Cracker grob zerbröseln und mit der zerlassenen Butter mischen. Das Paprikapulver zufügen und alles nochmals gut verrühren. Eine Springform von 18–20 cm Ø (oder sechs kleine Förmchen von 7 cm Ø) fetten und den Teig darin verteilen. Mit einem Glas gut festdrücken. Nun 15 Minuten kühl stellen.

Inzwischen die Füllung zubereiten. Dazu Ricotta und Kräuterfrischkäse mit dem Schneebesen verquirlen. Die Eier einzeln unterrühren. Mit Salz und Pfeffer würzen und die Creme glatt rühren.

Die Creme in die Backform (oder die Förmchen) füllen und diese in eine größere, mit Wasser gefüllte Form setzen und im vorgeheizten Backofen 50 Minuten (oder 30–35 Minuten) backen. Im Backofen vollständig abkühlen lassen und dann noch mindestens 12 Stunden kühl stellen. Mit den Schnittlauchstängeln dekorieren.

Noch schneller geht's, wenn
Sie eingelegte Paprika kaufen.
Diese vor der Zubereitung auf
Küchenpapier gut abtropfen
lassen.

CHEESECAKE

MIT PAPRIKA
UND KREUZKÜMMEL

FÜR 6–8 PERSONEN

Zubereitungszeit: 40 Minuten • **Backzeit:** 70 Minuten
Kühlzeit: 12 Stunden

Für den Boden
100 g kalte Butter • 100 g Mehl • 100 g Parmesan,
frisch gerieben • 1 EL Kreuzkümmelsamen

Für die Füllung
2 Paprika • 350 g Mascarpone
350 g Ricotta • 3 Eier • ½ TL gemahlener Kreuzkümmel
Salz und frisch gemahlener schwarzer Pfeffer

Den Grill des Backofens vorheizen. Die Paprikaschoten halbieren und von Stielansatz, Kernen und Trennhäuten befreien. Auf ein mit Backpapier ausgelegtes Backblech legen und unter dem Backofengrill 15–20 Minuten rösten.

Für den Boden inzwischen die Butter würfeln. Mehl, Parmesan, Butter und Kreuzkümmelsamen mischen. Eine Backform von 18 x 24 cm fetten und den Teig darin verteilen, dabei nicht zu sehr festdrücken.

Sobald die Haut schwarz wird, die Paprika aus dem Backofen nehmen und für 5 Minuten in einer Plastiktüte abkühlen lassen. So lässt sich die Haut besser abziehen. Den Backofen auf 180 °C erhitzen und den Teig 15 Minuten darin backen.

In einer Rührschüssel Mascarpone, Ricotta und eine Paprika pürieren. Die Eier einzeln unterrühren. Das Kreuzkümmelpulver zugeben und mit Salz und Pfeffer würzen.

Die Backofentemperatur auf 150 °C reduzieren. Die Creme auf dem Teigboden verstreichen und die Backform in eine größere, mit Wasser gefüllte Form setzen und im vorgeheizten Backofen 50 Minuten backen. Im Backofen vollständig abkühlen lassen und dann noch mindestens 12 Stunden kühl stellen. Die restlichen Paprikaschoten in feine Streifen schneiden und auf dem Cheesecake dekorieren. Mit Kreuzkümmelsamen bestreuen.

CHEESECAKE
mit Rucola-Pesto

FÜR 6–8 PERSONEN

Zubereitungszeit: 35 Minuten • Backzeit: 70 Minuten
Kühlzeit: 12 Stunden

Für den Boden
4 Trockenfeigen • 70 g Butter • 200 g Cracker

Für die Füllung
1 Knoblauchzehe • 40 g Rucola zzgl. einige Blätter
zum Garnieren • 3 EL Parmesan, frisch gerieben
50 ml Olivenöl • 600 g Doppelrahmfrischkäse
• 90 g Petit-Suisse (s. S. 6) • 2 Eier
Salz und frisch gemahlener schwarzer Pfeffer

Den Backofen auf 150 °C vorheizen. Für den Boden die Feigen fein würfeln. Die Butter zerlassen. Die Cracker grob zerbröseln und mit der zerlassenen Butter mischen. Die Feigenwürfel zufügen und alles gut mischen. Eine Backform von 18 x 18 cm fetten und den Teig darin verteilen. Mit einem Glas gut festdrücken. Nun 15 Minuten kühl stellen.

Inzwischen für die Füllung das Rucola-Pesto zubereiten. Dazu die Knoblauchzehe schälen und klein hacken. Im Standmixer den Rucola mit Parmesan, Knoblauchzehe und Olivenöl zu einer sämigen Paste verarbeiten und beiseitestellen.

In einer Schüssel den Doppelrahmfrischkäse und den Petit-Suisse mit einem Schneebesen cremig verquirlen.

Die Eier einzeln unterrühren und weiterschlagen, bis eine glatte Masse entstanden ist. Das Rucola-Pesto untermischen und die Masse mit Salz und Pfeffer würzen.

Die Mischung in die Backform füllen und diese in eine größere, mit Wasser gefüllte Form setzen und im vorgeheizten Backofen 50 Minuten backen. Im Backofen vollständig abkühlen lassen und dann noch mindestens 12 Stunden kühl stellen.

Vor dem Servieren mit einigen Rucolablättern garnieren.

Für diesen Cheesecake
können Sie auch ein
Basilikum-Pesto oder ein
rotes Pesto verwenden.

CHEESECAKE
MIT HUMMER

FÜR 6–8 PERSONEN

Zubereitungszeit: 30 Minuten • Backzeit: 70 Minuten
Kühlzeit: 12 Stunden

Für den Boden
40 g Butter • 200 g Knoblauch-Croûtons
Für die Füllung
450 g Doppelrahmfrischkäse • 300 g Hummercremesuppe
3 Eier • 3 Thymianzweige

Den Backofen auf 150 °C vorheizen.

Für den Boden die Butter in einem Topf zerlassen. In einer Rührschüssel die Knoblauch-Croûtons fein zerbröseln und mit der zerlassenen Butter mischen. Eine Springform von 20 cm Ø fetten und den Teig darin verteilen. Mit einem Glas gut festdrücken. Nun 15 Minuten kühl stellen.

Für die Füllung den Frischkäse und die Hummercremesuppe cremig verquirlen.

Die Eier einzeln unterrühren. Die Thymianblättchen von den Zweigen streifen und ebenfalls untermischen. Weiterschlagen, bis eine glatte Masse entstanden ist.

Die Creme in die Backform füllen und diese in eine größere, mit Wasser gefüllte Form setzen und im vorgeheizten Backofen 50 Minuten backen. Im Backofen vollständig abkühlen lassen und dann noch mindestens 12 Stunden kühl stellen.

CHEESECAKE
MIT KRÄUTERN, ROSINEN UND WALNÜSSEN

FÜR 6–8 PERSONEN

Zubereitungszeit: 25 Minuten • **Backzeit:** 50 Minuten
Kühlzeit: 12 Stunden

Für den Boden
100 g Butter • 200 g Grissini • 1 TL Fünf-Gewürze-Pulver

Für die Füllung
20 Walnusskerne • 500 g Doppelrahmfrischkäse • 150 g Feta • 2 Eier
4 EL fein gehackte Petersilie
4 EL fein gehackter Koriander • 40 g Rosinen
Salz und frisch gemahlener schwarzer Pfeffer

Den Backofen auf 150 °C vorheizen.

Für den Boden die Butter in einem Topf zerlassen. In einer Rührschüssel die zerlassene Butter, die Grissini und das Fünf-Gewürze-Pulver zu einem feinkrümeligen Teig verarbeiten. Eine Backform von 18 x 18 cm fetten und den Teig darin verteilen. Mit einem Glas gut festdrücken. Nun 15 Minuten kühl stellen.

Für die Füllung die Walnusskerne grob hacken. In einer großen Schüssel Frischkäse und Feta mit dem Schneebesen schlagen. Die Eier einzeln unterrühren. Die Mischung glatt rühren. Petersilie, Koriander, Rosinen und gehackte Walnüsse untermischen. Mit Salz und Pfeffer würzen.

Die Masse in die Backform füllen und diese in eine größere, mit Wasser gefüllte Form setzen und im vorgeheizten Backofen 50 Minuten backen. Im Backofen vollständig abkühlen lassen und dann noch mindestens 12 Stunden kühl stellen.

CHEESECAKE
mit Tzatziki

FÜR 6–8 PERSONEN

Zubereitungszeit: 35 Minuten • **Backzeit:** 50 Minuten
Kühlzeit: 12 Stunden

Für den Boden
70 g gesalzene Butter • 200 g Salzcracker
1 TL Knoblauchpulver • 2 TL getrocknete Minze
¼ TL frisch gemahlener schwarzer Pfeffer

Für die Füllung
1 Knoblauchzehe • 500 g Schichtkäse • 400 g Ziegenfrischkäse (z. B. von Petit Billy®)
Saft von 1 Zitrone • 4 EL Olivenöl • 3 Eier
Salz und frisch gemahlener schwarzer Pfeffer

Für die Garnitur
1 kleine Gurke • 1 Knoblauchzehe • 10 Minzeblättchen
2 EL Olivenöl

Den Backofen auf 150 °C vorheizen. Den Schichtkäse abtropfen lassen. Für den Boden die Butter in einem Topf zerlassen. In einer Rührschüssel die zerlassene Butter und die Cracker mischen. Knoblauchpulver, Minze und Pfeffer zufügen und alles gründlich verrühren. Eine Backform von 18 x 24 cm fetten und den Teig darin verteilen. Mit einem Glas gut festdrücken. Nun 15 Minuten kühl stellen.

Für die Füllung die Knoblauchzehe schälen und fein hacken. Schichtkäse, Ziegenfrischkäse, Knoblauch, Zitronensaft und Olivenöl verquirlen. Mit Salz und Pfeffer würzen. Die Eier einzeln unterrühren. Die Masse glatt rühren.

Die Masse in die Backform füllen und diese in eine größere, mit Wasser gefüllte Form setzen und im vorgeheizten Backofen 50 Minuten backen. Im Backofen vollständig abkühlen lassen und dann noch mindestens 12 Stunden kühl stellen.

Vor dem Servieren die Gurke waschen und mit einem Sparschäler längs in feine Streifen schneiden. Die Knoblauchzehe schälen und fein hacken. Die Minzeblättchen fein hacken. Die langen Gurkenstreifen mit Olivenöl, Knoblauch und gehackter Minze mischen. Eventuell mit Salz und Pfeffer würzen und in feinem Schlangenmuster auf dem Cheesecake dekorieren.

CHEESECAKE

MIT ROTER BETE UND INGWER

FÜR 6–8 PERSONEN

Zubereitungszeit: 15 Minuten • **Kühlzeit:** 12 Stunden

Für den Boden
70 g Butter • 200 g Cracker • 1 TL Ingwerpulver
Für die Füllung
3 Blätter Gelatine • 2 cm frischer Ingwer
200 g Rote Bete, gegart • 450 g Doppelrahmfrischkäse
150 g Sahne • einige Rote-Bete-Blätter zum Garnieren
Salz und frisch gemahlener weißer Pfeffer

Die Gelatineblätter in einer Schüssel mit kaltem Wasser einweichen.

Für den Boden die Butter in einem Topf zerlassen. In einer Rührschüssel die Cracker fein zerbröseln und mit der zerlassenen Butter und dem Ingwerpulver mischen. Eine Springform von 15 cm Ø fetten und den Teig darin verteilen. Mit einem Glas gut festdrücken. Nun 15 Minuten kühl stellen.

Für die Füllung den Ingwer schälen und fein reiben. Die Rote Bete pürieren und mit dem Frischkäse glatt verrühren. Die Sahne in einem Topf zum Kochen bringen, den Topf vom Herd nehmen und die gut ausgedrückte Gelatine einrühren. Die Sahne nun unter die Frischkäse-Rote-Bete-Masse mischen. Den fein geriebenen Ingwer zufügen und mit Salz und Pfeffer mischen.

Die Creme in die Backform füllen und dann mindestens 12 Stunden kühl stellen. Vor dem Servieren mit den Rote-Bete-Blättern garnieren.

CHEESECAKE
MIT BLUMENKOHL
UND PANCETTA

FÜR 6–8 PERSONEN

Zubereitungszeit: 15 Minuten • Backzeit: 50 Minuten
Kühlzeit: 12 Stunden

Für den Boden
70 g Butter • 200 g Salzcracker mit Bacon
4 EL frisch geriebener Parmesan
300 g Blumenkohlröschen
600 g Doppelrahmfrischkäse
50 g Sahne • 3 Eier • 50 g Pancetta
Salz und frisch gemahlener weißer Pfeffer

Den Backofen auf 150 °C vorheizen.

Für den Boden die Butter in einem Topf zerlassen. In einer Rührschüssel die Cracker fein zerbröseln und mit der zerlassenen Butter mischen. Den Parmesan einrühren. Eine Springform von 18–20 cm Ø (oder sechs Förmchen von 7 cm Ø) fetten und den Teig darin verteilen. Mit einem Glas gut festdrücken. Nun 15 Minuten kühl stellen.

Für die Füllung die Blumenkohlröschen garen und pürieren. Mit dem Frischkäse und der Sahne zu einer glatten Masse verrühren. Die Eier einzeln unterrühren. Den Pancetta klein schneiden (einige Scheiben zum Garnieren aufbewahren) und untermischen. Mit Salz und Pfeffer würzen.

Die Creme in die Backform (oder die Förmchen) füllen und diese in eine größere, mit Wasser gefüllte Form setzen und im vorgeheizten Backofen 50 Minuten (oder 30–35 Minuten) backen. Im Backofen vollständig abkühlen lassen und dann noch mindestens 12 Stunden kühl stellen.

Vor dem Servieren die restlichen Pancettastreifen einige Minuten unter dem Grill des Backofens schön kross rösten und dekorativ auf den Cheesecakes garnieren.

Wahlweise können
Sie die Pancetta
auch durch Bacon
ersetzen.

CHEESECAKE
mit Aprikosen und Curry

FÜR 6–8 PERSONEN

Zubereitungszeit: 15 Minuten • **Backzeit:** 50 Minuten
Kühlzeit: 12 Stunden

Für den Boden
70 g gesalzene Butter • 200 g Grissini • 1 TL Currypulver
3 EL Pinienkerne zzgl. 1 Handvoll zum Garnieren

Für die Füllung
600 g Doppelrahmfrischkäse • 200 g Aprikosenkompott
3 Eier • 1 EL Currypulver
Salz und frisch gemahlener schwarzer Pfeffer

Den Backofen auf 150 °C vorheizen.

Für den Boden die Butter in einem Topf zerlassen. In einer Rührschüssel die Grissini fein zerbröseln und mit der zerlassenen Butter mischen. Currypulver und Pinienkerne unterrühren. Eine Backform von 18 x 18 cm fetten und den Teig darin verteilen. Mit einem Glas gut festdrücken. Nun 15 Minuten kühl stellen.

Für die Füllung Frischkäse und Aprikosenkompott glatt rühren. Die Eier einzeln unterrühren. Zum Schluss das Currypulver untermischen und die Creme mit Salz und Pfeffer würzen.

Die Creme in die Backform füllen und diese in eine größere, mit Wasser gefüllte Form setzen und im vorgeheizten Backofen 50 Minuten backen. Im Backofen vollständig abkühlen lassen und dann noch mindestens 12 Stunden kühl stellen.

Zum Garnieren die Pinienkerne fein hacken und über den Cheesecake streuen.

Dank

Ich möchte Pauline Moret für ihre Unterstützung in der Küche danken. Außerdem bedanke ich mich bei Guillaume für sein wunderbares Licht, seine verrückten Kameraeinstellungen, seine Begeisterung und seine zahlreichen Zwischenfotos.

Ein riesiges Dankeschön an meinen Ehemann Jérôme, dem offiziellen Tester der Rezepte.

Ich möchte auch meiner kleinen Hummel danken, die mich so unendlich inspiriert.

Das Verlagshaus Larousse bedankt sich beim Restaurant Schwartz's, der Geschäftsleitung und den Mitarbeitern für ihre Freundlichkeit und die Bereitschaft, die zahlreichen Fotos zur Verfügung zu stellen.

© 2013 der französischen Originalausgabe Éditions Larousse

Verlagsleitung: Isabelle Jeuge-Maynart und Ghislaine Stora
Redaktionsleitung: Catherine Maillet
Redaktion: Émilie Franc
Design und Layout: Stéphanie Boulay
Umschlaggestaltung: Véronique Laporte und Émilie Laudrin
Herstellung: Anne Raynaud

© 2015 Fackelträger Verlag GmbH, Köln
Emil-Hoffmann-Straße 1
D-50996 Köln

Übersetzung aus dem Französischen: Birgit van der Avoort, Havixbeck
Satz: Igor Divis, Dortmund
Umschlaggestaltung: Inga Lux, Hamburg
Redaktion: Svenja K. Sammet
Gesamtherstellung: Fackelträger Verlag GmbH, Köln

ISBN 978-3-7716-4621-9
Printed in Spain

www.fackeltraeger-verlag.de